B
I
P
M
R
C
E

Mit englischem und deutschem Text

Englisch lernen mit der Bildermaus

Geschichten vom kleinen Zauberer

Text von Werner Färber
Illustrationen von Julia Ginsbach
Übersetzung von Christina Reuth

Loewe

Bibliografische Information Der Deutschen Bibliothek
Die Deutsche Bibliothek verzeichnet diese Publikation
in der Deutschen Nationalbibliografie;
detaillierte bibliografische Daten sind im Internet
über *http://dnb.ddb.de* abrufbar.

Mehr über den Autor unter
www.wernerfaerber.de

Der Umwelt zuliebe ist dieses Buch
auf chlorfrei gebleichtem Papier gedruckt.

ISBN 3-7855-4893-1 – 1. Auflage 2003

Umschlagillustration: Julia Ginsbach
Reihenlogo: Angelika Stubner
Umschlaggestaltung: Andreas Henze

www.loewe-verlag.de

Inhalt/Contents

Ein seltsamer Tag 8
A strange day

Oskar rettet die Hexe 18
Oskar saves the witch

Ein Hut für den Flaschengeist 28
A hat for the genie

Wichtige Tunwörter 40
Important verbs

Ein seltsamer Tag

„Kikeriki!“, kräht der  neben Oskars  .

Der kleine  mag nicht aufstehen.

„Sei still“, sagt er zu

seinem gefiederten  .

„Kikeriki!“, kräht der  erneut.

„Wenn’s denn sein muss“, grummelt Oskar.

	Hahn	**cock**
	Bett	**bed**
	Zauberer	**wizard**
	Wecker	**alarm clock**

Let’s talk!	Guten Morgen!	**Good morning!**
Let’s talk!	Wann stehst du morgens auf?	**When do you get up in the morning?**
Let’s talk!	Ich stehe um sieben Uhr auf.	**I get up at seven o’clock.**

A strange day

“Cockadoodledoo,” the  crows

next to Oscar’s  .

The little  doesn’t want to get up.

“Be quiet,” he says to his feathered  .

“Cockadoodledoo,” the  crows again.

“Well, if it’s absolutely necessary,” Oskar mumbles.

Der kleine  steht auf.

Er richtet seinen  auf den .

„Stumpfes , krumme ,

doofer , halt den !“

„Ikirekik!“, kräht der .

„Wieso krähst du rückwärts?“,

fragt der kleine  verwundert.

Doch jetzt bleibt der  stumm.

	Zauberer	**wizard**		Gabel	**fork**
	Zauberstab	**magic wand**		Wecker	**alarm clock**
	Hahn	**cock**		Schnabel	**beak**
	Messer	**knife**			

The little  gets up.

He points his  at the .

“The  is blunt, the  is crooked,

shut your ,  stupid.”

“Oodeldoodackoc,” the  crows.

“Why do you crow backwards?”

the little  asks amazed.

But now the  is silent.

„Saure , faules , was ich brauch,

sofort herbei!“, befiehlt Oskar. Er winkt

mit dem  zum 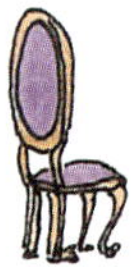 hinüber.

Sofort schweben seine , sein 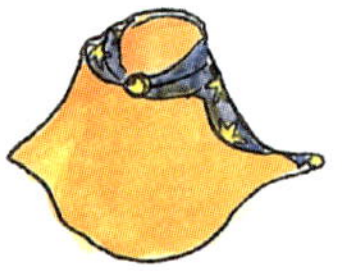

und seine  herbei.

Der 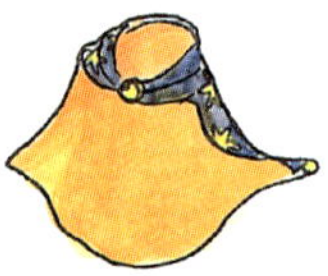 wickelt sich um seine 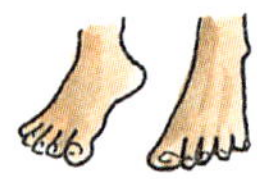.

Die  wollen seine 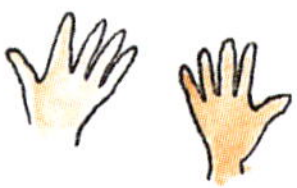 wärmen.

	Gurke	**cucumber**		Umhang	**cape**
	Ei	**egg**		Socken	**socks**
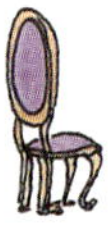	Stuhl	**chair**	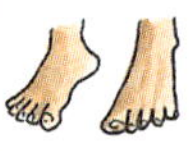	Füße	**feet**
	Hose	**trousers**	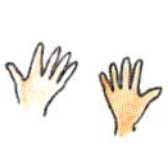	Hände	**hands**

"Pickled 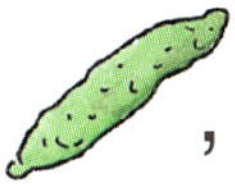, rotten , what I need,

come here, I beg!" Oskar orders. He points

his  at the 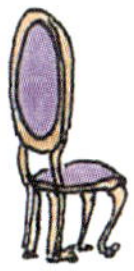. His , his 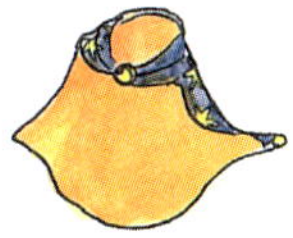

and his  float over at once.

The 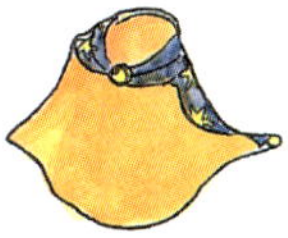 wraps around his .

The  want to warm his 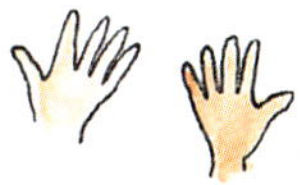.

Die  landet genau auf Oskars 

wie eine  .

Langsam zieht sich der kleine  richtig an.

„  als  “, sagt Oskar verwundert.

Er nimmt eine  und gießt sich ein.

Er will sich nicht den  verbrennen,

deshalb zeigt er mit dem  auf die  .

„Viel zu heiß, kalt wie  .“

	Hose	**trousers**		Kanne	**pot**
	Kopf	**head**		Mund	**mouth**
	Mütze	**cap**		Tasse	**cup**
	Handschuhe	**gloves**		Eis	**ice cream**

The  land right on Oskar's 

like a  . Slowly the little  puts on

everything correctly.

“  as  ,” Oskar says amazed.

He takes a  and pours it.

He doesn't want to burn his  .

So he points the  at the  .

“Much too hot, cold as  .”

In der  blubbert und brodelt es.

„Wieso geht heute alles schief?“

Ratlos blickt Oskar auf seinen  .

Endlich fällt dem kleinen  auf,

dass er seinen  verkehrt herum hält.

Deshalb zaubert er heute alles verkehrt!

	Tasse	**cup**	Let's talk!	Nein, der Zauberer trägt keine Schuhe.	**No, the wizard doesn't wear shoes.**
	Zauberstab	**magic wand**			
	Zauberer	**wizard**	Let's talk!	Ist das ein Hut?	**Is this a hat?**
Let's talk!	Trägt der Zauberer Schuhe?	**Does the wizard wear shoes?**	Let's talk!	Nein, es sind Hosen.	**No, these are trousers.**

The  swirls and bubbles.

“Why is everything going wrong today?”

Oskar looks helplessly at his .

Finally the little  realizes

that he is holding his  at the wrong end.

That’s why his magic is going wrong today!

Oskar rettet die Hexe

Oskar, der kleine , trifft im 

die  Hortense. Sie sammelt  .

„Wozu brauchst du die  ?“, fragt Oskar.

„Ich will hexen. Ich brauche neue 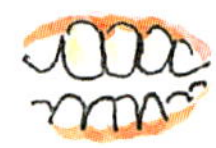 “,

antwortet die  .

„Aber die  sind giftig“, sagt Oskar.

	Wald	**forest**	Let's talk!	Die Hexe will zaubern.	**The witch wants to do magic.**
	Hexe	**witch**	Let's talk!	Die Hexe braucht Pilze.	**The witch needs mushrooms.**
	Pilze	**mushrooms**			
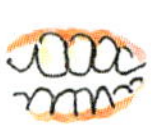	Zähne	**teeth**			

Oskar saves the witch

Oskar, the little , meets Hortense

the  in the . She is collecting .

“Why do you need these ?” Oskar asks.

“I want to hex. I need new 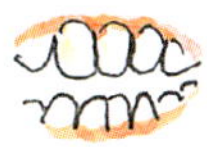,”

the  answers.

“But these  are poisonous,” Oskar says.

„Ich brauche sie trotzdem“, antwortet

die  . „Und dann?“, fragt der kleine 

weiter. „Frag nicht so viel, oder ich hexe

dir ein  an deinen  .“

„Wer nicht fragt, bleibt dumm“, erwidert Oskar.

Die  stöhnt. „Oskar, wenn ich einen

einzigen  vergesse,

verwandle ich mich in eine  .“

	Schloss	**lock**
	Mund	**mouth**
	Pilz	**mushroom**
	Kröte	**toad**

Let's talk!

Zähle bis 10!	**Count to ten!**
1	**one**
2	**two**
3	**three**
4	**four**
5	**five**
6	**six**
7	**seven**
8	**eight**
9	**nine**
10	**ten**

"I need them anyway," the  answers.

"And then?" the little  asks.

"Don't ask so many questions or

I will hex a  on your  ."

"Not asking questions keeps you stupid,"

Oskar replies.

The  groans . "Oskar, if I forget

a single , I will change into a  ."

Beleidigt macht sich der kleine  auf den  . Bald saust die  auf ihrem  davon. Die  biegen sich.

Plumps, fällt ein  aus Hortenses  .

So schnell er kann, rennt Oskar zum  der  . An der  hängt ein  .

„Wer stört, wird in eine  verwandelt.“

	Weg	**way**		Haus	**house**
	Besen	**broomstick**		Tür	**door**
	Bäume	**trees**		Zettel	**note**
	Korb	**basket**		Fliege	**fly**

The little  goes down his  in a huff.

Soon the  sweeps away on her .

The  bend. Bump, a  falls out

of Hortense's . Oskar runs

to the  of the  as fast as he can.

There is a  on the . "Anyone who

bothers me will be turned into a ."

Der kleine  zögert.

„Ich will probieren“, murmelt die  drinnen.

„Hortense! Nicht!“, ruft Oskar

und reißt die  auf.

„Willst du, dass ich mich in eine 

verwandle?“, kreischt die .

„Nein“, sagt der kleine  und gibt ihr

den letzten .

Let's talk!	Wo ist die Hexe?	**Where is the witch?**
Let's talk!	Die Hexe ist im Haus.	**The witch is in the house.**
Let's talk!	Wo ist der Zauberer?	**Where is the wizard?**
Let's talk!	Der Zauberer ist vor der Tür.	**The wizard is in front of the door.**
Let's talk!	Was gibt der Zauberer der Hexe?	**What does the wizard give to the witch?**
Let's talk!	Er gibt ihr einen Pilz.	**He gives her a mushroom.**

The little  hesitates.

"I want to try," the  mumbles inside.

"Hortense! Don't!" Oskar shouts

and flings open the  .

"Do you want me to change into a  ?"

the  shrieks.

"No," the little  replies and gives her

the last  .

Die  wird blass. Hastig wirft sie den  in den großen  auf ihrem . Mit der 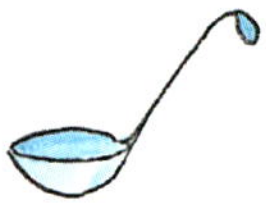 rührt sie um. Sie füllt einen  und trinkt. Schon hat sie strahlend weiße 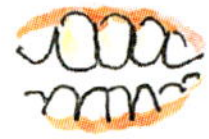 im . „Danke, Oskar“, sagt die . „Ohne dich hätte ich mich in eine  verwandelt.“ „Siehst du“, sagt der kleine . „Fragen kann eben doch nie schaden.“

	Kessel	**pot**		Mund	**mouth**
	Herd	**stove**	Let's talk!	Danke!	**Thank you!**
	Suppenkelle	**ladle**	Let's talk!	Gern geschehen!	**You're welcome!**
	Becher	**cup**	Let's talk!	Entschuldige bitte!	**Excuse me, please!**

The  turns pale. Hastily, she throws

the  into the big  on her .

She stirs with a , then she fills a  and

drinks from it. Now she has got bright white 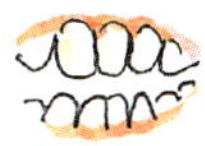

in her . “Thank you, Oskar,” the  says.

“Without you I would have changed into

a .” – “You see? Asking questions can’t

be bad!” the little  says.

Ein Hut für den Flaschengeist

Mit einer großen  unter dem 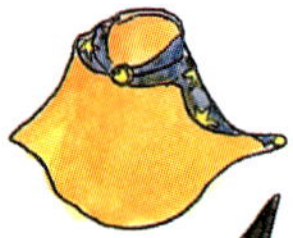

tritt Oskar vors  . Der kleine 

will den fiesen  Furano einfangen.

Furano zaubert nämlich allen, die er

trifft,  an den  . Oder einen 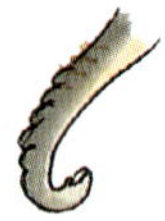

an die  .

	Flasche	**bottle**		Eselsohren	**donkey's ears**
	Umhang	**cape**		Kopf	**head**
	Haus	**house**		Rüssel	**trunk**
	Flaschengeist	**genie**		Nase	**nose**

A hat for the genie

Oskar leaves the  with a big  under his . The little  wants to catch the nasty  Furano.

Furano hexes  onto everybody's  or a 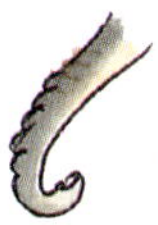 onto everybody's .

Plötzlich schwebt der  vor dem

kleinen  .

„Du willst mich also in eine  locken“,

dröhnt der  .

„Welche  ?“, stammelt Oskar.

„Die da!“, brüllt der  .

Er streckt die  aus.

Erschrocken lässt Oskar die  fallen.

Let's talk!	Was ist das?	**What is this?**	Let's talk!	Das sind meine Ohren.	**These are my ears.**
Let's talk!	Das ist meine Nase.	**This is my nose.**	Let's talk!	Das sind meine Haare.	**This is my hair.**
Let's talk!	Das ist mein Arm.	**This is my arm.**	Let's talk!	Das ist mein Fuß.	**This is my foot.**
Let's talk!	Das ist mein Ohr.	**This is my ear.**	Let's talk!	Das sind meine Füße.	**These are my feet.**

Suddenly the  floats in front of

the little  . “You want to tempt me

into a  , do you?” the  roars.

“Which  ?” Oskar stammers.

“This one here!” the  shouts.

He reaches out his 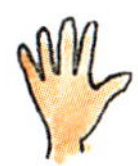 .

Scared to death, Oskar drops the  .

„Du kannst darin schlafen“, antwortet Oskar.

„Mein  ist weich. Er hat keinen  .

Niemand kann dich darin einsperren.“

Der  wird neugierig.

„Was soll er kosten?“, fragt er.

„Nichts. Ich schenke ihn dir“, sagt

der kleine .

Let's talk!	Ist der Hut klein?	**Is the hat small?**	Let's talk!	Nein, er ist klein.	**No, he is small.**
Let's talk!	Nein, der Hut ist groß.	**No, the hat is big.**	Let's talk!	Ist der Hut blau?	**Is the hat blue?**
Let's talk!	Ist der Zauberer groß?	**Is the wizard tall?**	Let's talk!	Nein, der Hut ... ist gelb. ... ist rot. ... ist grün.	**No, the hat ... is yellow. ... is red. ... is green.**

"You can sleep in it," Oskar answers.

"My  is soft. It hasn't got a  .

Nobody can lock you inside."

The  gets curious.

"How much is it?" he asks.

"Nothing. It's for free," the little  says.

„Ich hoffe für dich, dass dein  weich ist“,

droht der . Zischend verwandelt er sich

in eine  und verschwindet im .

Blitzschnell holt Oskar seinen  hervor

und verwandelt den  in eine .

Er hebt den  auf und verschließt die .

	Hut	**hat**		Flasche	**bottle**
	Flaschengeist	**genie**	Let's talk!	Wo ist der Flaschengeist?	**Where is the genie?**
	Wolke	**cloud**	Let's talk!	Er ist in der Flasche.	**He is in the bottle.**
	Zauberstab	**magic wand**	Let's talk!	Er ist im Hut.	**He is in the hat.**

"Well, let's hope your  is soft,"

the  threatens. And with a hiss

he turns into a  and disappears

inside the . With lightning speed, Oskar

takes out his  and hexes the 

into a . He picks up the  and corks

the .

Der  ist eingesperrt.

Und für einen neuen 

muss der kleine 

nur einmal mit seinem  winken.

	Flaschengeist	**genie**	Let's talk!	Hast du einen Zauberstab?	**Have you got a magic wand?**
	Hut	**hat**	Let's talk!	Bist du ein Zauberer?	**Are you a wizard?**
	Zauberer	**wizard**	Let's talk!	Nein, ich bin ... ein Mädchen. ... ein Junge.	**No, I am** **... a girl.** **... a boy.**
	Zauberstab	**magic wand**			

Now the  is trapped inside.

And to get a new 

the little  only has to wave

his  once.

Wichtige Tunwörter/Important verbs

to wear	tragen (anhaben)
The wizard **wears** trousers every day.	Der Zauberer **trägt** jeden Tag Hosen.
I **wear** trousers every day.	Ich **trage** jeden Tag Hosen.
The wizard **is wearing** trousers today.	Der Zauberer **trägt** heute Hosen.
I **am wearing** trousers today.	Ich **trage** heute Hosen.

to open	öffnen
The wizard **opens** the door every morning.	Der Zauberer **öffnet** jeden Morgen die Tür.
I **open** the door every morning.	Ich **öffne** jeden Morgen die Tür.
The wizard **is opening** the door at the moment.	Der Zauberer **öffnet** gerade die Tür.
I **am opening** the door at the moment.	Ich **öffne** gerade die Tür.

to close	schließen
The wizard **closes** the door every evening.	Der Zauberer **schließt** jeden Abend die Tür.
I **close** the door every evening.	Ich **schließe** jeden Abend die Tür.
The wizard **is closing** the door at the moment.	Der Zauberer **schließt** gerade die Tür.
I **am closing** the door at the moment.	Ich **schließe** gerade die Tür.

to get up	aufstehen
The wizard **gets up** at seven o'clock every day.	Der Zauberer **steht** jeden Tag um sieben Uhr **auf**.
I **get up** at seven o'clock every day.	Ich **stehe** jeden Tag um sieben Uhr **auf**.
The wizard **is getting up** at the moment.	Der Zauberer **steht** gerade **auf**.
I **am getting up** at the moment.	Ich **stehe** gerade **auf**.

to get dressed	sich anziehen
The wizard **gets dressed** at eight o'clock every morning.	Der Zauberer **zieht** sich jeden Morgen um acht Uhr **an.**
I **get dressed** at eight o'clock every morning.	Ich **ziehe** mich jeden Morgen um acht Uhr **an**.
The wizard **is getting dressed** at the moment.	Der Zauberer **zieht** sich gerade **an**.
I **am getting dressed** at the moment.	Ich **ziehe** mich gerade **an**.

to drink	trinken
The wizard **drinks** tea every day.	Der Zauberer **trinkt** jeden Tag Tee.
I **drink** tea every day.	Ich **trinke** jeden Tag Tee.
The wizard **is drinking** tea at the moment.	Der Zauberer **trinkt** gerade Tee.
I **am drinking** tea at the moment.	Ich **trinke** gerade Tee.

Mit der
Bildermaus
macht das Englischlernen Spaß!

Die kurzen Bildermaus-Geschichten und ihre einfache Übersetzung bieten Grundschulkindern eine sinnvolle Möglichkeit für die erste Begegnung mit Texten in englischer Sprache.

Kleine Bilder ersetzen in den lustigen Geschichten alle Namenwörter. So ist jede Menge Lesespaß garantiert. Und das Verstehen der englischen Wörter gelingt ganz einfach, denn der englische und der deutsche Text werden direkt gegenübergestellt.

Die englischen Begriffe können mit den Bildern und der deutschen Übersetzung im Vokabelfenster eingeübt werden. Das Vokabelfenster findet man auf jeder deutschen Textseite unten.

Zudem werden die Kinder mit einfachen Sätzen und Gesprächsformen vertraut gemacht. Als Sprechanreiz wurde im Anhang eine Auswahl der wichtigsten Tunwörter zusammengestellt.

Themen aus dem Grundschullehrplan in spannende Geschichten verpackt: Das ist Englischlernen mit der Bildermaus.

Have fun!

Ihr Loewe-Englisch-Team
Christina Reuth, Gertraud Fuchs
– Grundschullehrerinnen –

Werner Färber wurde 1957 in Wassertrüdingen geboren. Er studierte Anglistik und Sport in Freiburg und Hamburg und unterrichtete anschließend an einer Schule in Schottland. Seit 1985 arbeitet er als freier Übersetzer und schreibt Kinderbücher.

Julia Ginsbach wurde 1967 in Darmstadt geboren. Nach ihrer Schulzeit studierte sie in Heidelberg Musik, Kunst und Germanistik und schloss ihr Studium am Institut für Kinder- und Jugendbuchforschung in Frankfurt am Main ab. Heute lebt sie mit ihrem Mann und ihren fünf Kindern, jeder Menge Farben, Pinsel, Papier, Büchern und Musik in einem großen Gutshaus in Mecklenburg-Vorpommern und illustriert am liebsten Kinderbücher.

Englisch lernen mit der Bildermaus

Erstes Englisch für Grundschulkinder

- Mit Vokabelhilfe und Verbliste
- Englischer Text mit deutscher Übersetzung
- Mit wichtigen Themen aus den Grundschullehrplänen
- Von Englisch unterrichtenden Grundschulpädagogen konzipiert

Step by Step: Englisch lernen

Englisch lernen mit den Leselöwen

Englisch lernen für fortgeschrittene Leser

- Mit Ausklappseite
- Mit Wörterbuch und Vokabelhilfe
- Hörkassette zu jedem Buch bei Jumbo Neue Medien & Verlag GmbH

mit Loewe Büchern!

Loewe